Norbert Baumann /
Heinz Hundeloh /
Rüdiger Bockhorst

Bewegungsangebote sicher gestalten

Norbert Baumann /
Heinz Hundeloh / Rüdiger Bockhorst

Bewegungsangebote sicher gestalten

verlag modernes lernen - Dortmund

Wichtiger Sicherheitshinweis: *Alle hier vorgeschlagenen Übungen und Spielideen wurden von Autor und Verlag sorgfältig erwogen und geprüft. Dennoch erfolgt ihre Durchführung auf eigene Gefahr und entbindet die/den Übungsleiter/in nicht von der Beachtung individueller Gefahrenmomente und der Planung entsprechender Sicherungsmaßnahmen.*
Eine Haftung des Autors bzw. des Verlages und seiner Beauftragten ist ausgeschlossen.

Gesamtherstellung: Löer Druck GmbH, Dortmund
Illustrationen: Almuth Rusteberg

Bestell-Nr. 1181 ISBN 3-8080-0403-7

Inhalt

Vorbemerkung

Abenteuer, Risiko, Wagnis und das Extreme haben Konjunktur. Sie sind innerhalb weniger Jahre zu einer Figur des Besonderen geworden, zu einem neuen Bezugsmodell und in der Sozialisation und der Erziehung zu einer Kategorie mit hohem Wert. Gerade die westlichen Gesellschaften erleben ein sprunghaftes Ansteigen der Lust am Risiko. Von dieser zunehmenden Lust ist natürlich auch der Sport nicht verschont geblieben. Da der Körper und die körperliche Leistungsfähigkeit bei der Bewältigung von Risiken und Abenteuer einen hohen Stellenwert haben, ist er sogar zum zentralen Handlungsfeld für Risikosuchende und Abenteurer geworden.

Beschränkte sich das Angebot von Risiko und Abenteuer zuerst auf den nicht organisierten Bereich, so haben sie in den letzten Jahren in Form des Abenteuer- und Erlebnissports, aber auch im Rahmen der psychomotorischen Förderung im Vereins- und zunehmend auch im Schulsport immer mehr Resonanz gefunden. Ein wesentliches Element dieser Bewegungsangebote sind Gerätearrangements und -kombinationen, bei denen die herkömmlichen und normierten Sportgeräte alternativ genutzt und untereinander kombiniert werden. Die zunehmende Beliebtheit dieser Gerätearrangements und risikobehafteten und wagnishaltigen Bewegungsangebote ist nicht zuletzt das Ergebnis einer veränderten Lebenswirklichkeit von Kindern und Jugendlichen, die immer weniger Möglichkeit besitzen, kleine und große Risiken einzugehen, sowie ganzheitlich zu lernen. Das Aufsuchen und Bewältigen von Risiken und Wagnissen sind jedoch wichtige Voraussetzungen für eine gesunde Entwicklung. In Risiko- und Wagnissituationen testen Kinder und Jugendliche die eigenen Fähigkeiten, Fertigkeiten, psychische Situationen und die soziale Durchhaltefähigkeit, um herauszufinden, was man kann. Bestandene Abenteuer und Risiken sind darüber hinaus eine Bestätigung für das Vertrauen in die eigenen Fähigkeiten, in die eigene Person, und damit Bausteine des Selbstwertgefühls und des gegenseitigen Vertrauens.

Für Lehrkräfte, Übungsleiterinnen und Übungsleiter darf eine stärkere Akzentuierung von Risiko- und Abenteuersituationen und psychomotorischen Angeboten im Sport aber nicht nur bedeuten, solche pädagogisch sinnvolle Bewegungssituationen zu arrangieren.

Es muß zugleich bedeuten, diese sicher zu gestalten. Sicherheit und Risiko sind zwei Seiten einer Medaille. Genauso wie der professionelle Abenteurer alles tut, um nicht beim Abenteuer zu verunglücken und das subjektive Risiko möglichst klein zu halten, müssen Bewegungssituationen im Vereins- und Schulsport so arrangiert werden, daß sie keine Gefährdung für Leib und Leben darstellen.

Auf der Grundlage einer umfassenden fachlichen und pädagogischen Kompetenz kann es in der Balance von Zulassen und Einschränken gelingen, einerseits dem Wunsch der Kinder und Jugendlichen nach risikobehafteten und abenteuerlichen Situationen gerecht zu werden, Selbständigkeit, Selbstsicherheit, Selbstvertrauen und Risikobewußtsein aufzubauen und andererseits Kinder und Jugendliche vor Verletzungen beim Bewegen an Gerätearrangements und -kombinationen zu schützen.

Das Buch möchte den Sportunterricht erteilenden Lehrkräften, Übungsleiterinnen und Übungsleitern Hilfen und Anregungen geben, diese sinnvollen sportpädagogischen Zielsetzungen sicher umzusetzen. Es enthält Hinweise auf Gefahren bei der alternativen Nutzung, zeigt entsprechende präventive Maßnahmen auf und stellt positive, aber auch bedenkliche und gefährliche Beispiele von Gerätearrangements und -kombinationen vor.

1. Die kindliche Bewegungsumwelt – heute ein Risiko?

In den letzten Jahren hat sich die Lebenswirklichkeit von Kindern und Jugendlichen rasant geändert. Insbesondere in großstädtischen Bereichen werden diese Veränderungen deutlich spürbar. Diese Entwicklungen haben oft zur Folge, daß vielen von ihnen wesentliche motorische und sinnliche Bewegungserfahrungen fehlen. Als eine von vielen beobachtbaren Folgen dieser Situation sind gewisse Mängel in der individuellen Bewegungssouveränität zu beobachten. Diese fehlende Souveränität im Umgang mit eigenen und fremden Bewegungen ist oftmals sowohl Ursache wie Folge einer nicht angemessenen Entwicklung einer Risikobewältigungsstrategie. Weil Kinder und Jugendliche immer weniger solche bewegungsbezogene Risiken eingehen können, die für sie überschaubar und mit denen ihnen zur Verfügung stehenden Fertigkeiten und Fähigkeiten zu bewältigen sind, lernen sie nur unzureichend, solche oder andere alltägliche Risiken angemessen einzuschätzen.

Aus diesem Dilemma erwachsen oftmals neue Probleme ganz anderer Dimensionen und Qualitäten. Viele Kinder und Jugendliche ziehen sich in ein risikoloses bewegungsarmes und dadurch sinnlich oft erlebnisarmes Verhalten zurück, während andere gerade das große, lebensbedrohende Risiko wie S-Bahn-Surfen, Auto-Skaten o.ä. suchen. Nach Auffassung vieler Expertinnen und Experten ist u.a. der Mangel an kalkulierbaren, trotzdem „kickenden" Risiken eine der Ursachen für eine Lebensweise, die gerade den häufig unkontrollierten Wunsch nach den großen Risiken, einschließlich des Alkohol- und Drogenkonsums, fördert. Allein der subjektiv empfundene Mangel an zu bewältigenden, kalkulierbaren Risiken, deren Bewältigung eine wesentliche Voraussetzung zur Findung eigener Identität darstellt, bekommt im Zusammenhang mit sozialen, politischen und ökologischen Zukunftsrisiken ein besonderes Gewicht. Viele Untersuchungen zeigen, daß die mit dem Begriff der *Risikogesellschaft* umschriebenen Probleme Kinder und Jugendliche heute sehr belasten und Ängste hervorrufen.

1.1 Gestaltetes Risiko – ein sinnvolles Angebot?

In dieser gesellschaftlichen Situation kann eine Abenteuer und Risiko bewußt gestaltende Pädagogik folgende Funktionen erfüllen:

- Zugang zu den Jugendlichen überhaupt zu finden, indem sie ein Thema aufgreift, das Jugendliche interessiert und sie mit ihrer ganze Person und allen Sinnen in Anspruch nimmt.
- Ungewohnte und nicht routiniert zu bewältigende Bewegungssituationen bereitstellen, an denen die Jugendlichen eigene, umfassende Wahrnehmungs- und Bewegungskompetenzen zu ihrer Bewältigung aufbauen können.
- Zum Aufbau und zur realistischen Einschätzung von äußeren Umständen und eigenen Handlungsmöglichkeiten beitragen, indem die einzelne Person ihren persönlichen Weg zwischen dem Bedürfnis nach Sicherheit und dem Bedürfnis nach Risiko finden muß.
- Kriterien für die Gestaltung und Teilhabe an sinnvollen abenteuerlichen Aktivitäten unter aktiver Beteiligung von Kindern/ Jugendlichen entwickeln.
- Äquivalente für eine bereits bestehende, aber zu riskante abenteuerliche Lebenspraxis anbieten.
- Lernprozesse anregen, die die einzelne Person, immer aber auch die ganze Gruppe betreffen.
- Die materiale und ästhetische Phantasie im Umgang mit den Sportgeräten fördern, indem zu neuen Konstruktionen, zum Bauen und Umdeuten angeregt wird.

1.2 Welchen Sport bevorzugen Kinder und Jugendliche heute?

Unter anderen bilden auch diese Aspekte die Basis für ein verändertes Verständnis von Sport und Sportunterricht. Es nimmt die oben geschilderten Bedingungen nicht nur bedauernd zur Kenntnis, sondern formuliert den Anspruch, solche Situationen künstlich zu schaffen und zu arrangieren, die Kinder und Jugendliche in ihrer unmittelbaren Lebensumwelt nicht mehr im notwendigen Maße vorfinden. Ein moderner Sportunterricht in Schule und Verein kann und will sich nicht mehr nur an den traditionellen Sportarten und den traditionellen Sinngebungen, wie Wettkampf und Leistungsvergleich orientieren. Ein wesentliches Element dieses neuen Verständnisses bildet neben vielen anderen Aspekten auch der sog. „Erlebnis-“ oder „Abenteuersport“. Alternative Bewegungsräume, wie Klettergärten, Turnhallenwände und Freigelände in der Schulumgebung werden aufgesucht, bekannte Sportgeräte in bisher unbekannter Weise genutzt und miteinander arrangiert, so daß gezielt neue, subjektiv erlebnis- und risikoreiche Situationen geschaffen werden, die Kinder und Jugendliche auffordern, sich selbst genau einzuschätzen, in einem kalkulierbaren Rahmen allein oder gemeinsam mit anderen etwas zu wagen und dabei eigene Bewegungsgrenzen kennenzulernen.

1.3 Was können interessante Gerätearrangements bieten?

Solche neuen Gerätearrangements werden mit sehr unterschiedlichen Zielsetzungen erstellt:

- Sie sollen helfen, Bewegungsmöglichkeiten zu finden, die nicht an genormte und vorgegebene Fertigkeiten gebunden sind. Diese können variabel und von den Beteiligten aktiv entsprechend ihren Vorstellungen und Möglichkeiten attraktiv selbst gestaltet werden.
- Sie sollen ein Kontinuum an Bewegungsmöglichkeiten für möglichst alle bieten, in dem vielfältige Bewegungserfahrungen und Gestaltungsvarianten gesammelt werden können.
- Sie sollen Kindern und Jugendlichen die Möglichkeit geben, Sportgeräte anders wahrzunehmen und neu zu entdecken, indem sie außerhalb üblicher Normenvorstellungen liegende Bewegungen und Bewegungserfahrungen ermöglichen.
- Sie sollen psychomotorische Erfahrungen ermöglichen, d.h. ein Bewegen und Lernen unter Einbeziehung möglichst vieler Sinne, in dem die individuelle Förderung im sozialen Verband im

Vordergrund steht. Hier bieten sich besondere Möglichkeiten für ganz unterschiedliche und spezifische Fördermaßnahmen etwa im Rahmen von Sportförderunterricht, psychomotorischer Förderung und anderen.

- Sie sollen körperliche und sinnliche Sensationen in und mit Bewegungen erfahrbar machen.
- Sie sollen Möglichkeiten für offenere Formen des Vereins- und Sportunterrichts bieten, in denen die Beteiligten Ziele, Inhalte und Intensitäten weitgehend selbst bestimmen können.
- Sie sollen angemessene, interessante und zu bewältigende Risikosituationen ermöglichen, die zu der Entwicklung eines individuellen Risikobewußtseins beitragen können.
- Sie sollen nicht nur materiale und körperliche, sondern auch soziale Erfahrungen bieten. Dadurch können sie nicht nur zu einer verbesserten Bewegungssicherheit, sondern auch zum Aufbau von sicherheitsbedeutsamer Selbst- und Sozialkompetenz beitragen.

1.4 Wie kann das Risiko gestaltet werden?

Insoweit ist also die „alternative" Nutzung von Sportgeräten mit positiven pädagogischen – und darin eingeschlossen sicherheitsfördernden – Motiven und Zielen unterlegt.

Da Sicherheitsbewußtsein auch Selbstkompetenz und Risikobewußtsein erfordert, kann es auch unter dem Aspekt der Sicherheitsförderung und Unfallverhütung nicht vorrangig darum gehen, Risiken weitestgehend auszuschließen, sondern diese bewußt so zu gestalten, daß sie von Kindern und Jugendlichen zu bewältigen sind. Insofern kann auch die alternative Nutzung von Sportgeräten in der Sicherheitsförderung ihren Stellenwert haben. Es soll jedoch nicht einer unkontrollierten Jagd nach Risiko und Abenteuer im Sport das Wort geredet werden, wohl aber einem Verständnis, in dem genau kalkulierte, interessant und variabel gestaltete Risikosituationen ein wesentliches Element des Sportunterrichts und Vereinssports ausmachen. Eine solche Sichtweise erfordert bereits bei der Planung einen verantwortungsbewußten und sachkompetenten Umgang, z.B. mit den Gerätearrangements. Dafür ist auch ein verändertes, u.U. erhöhtes Kompetenzniveau auf Seiten der Lehrerinnen und Lehrer und Übungsleiter/innen erforderlich. Dabei ist der funktionalen Sicherheit besondere Aufmerksamkeit zu schenken, weil durch die Gerätearrangements praktisch neue Geräte und damit auch neue Risiken geschaffen werden.

Zusätzlich müssen aber auch die personalen Voraussetzungen bei der Lerngruppe gegeben sein, damit die intendierten positiven sportpädagogischen Zielvorstellungen auch tatsächlich erreicht werden können.

In der Literatur werden zum Teil Vorschläge für den Bau von Gerätearrangements gemacht, die zwar interessant sind, den Sicherheitsaspekt jedoch nicht ausreichend berücksichtigen und nicht mehr kalkulierbare Risiken beinhalten.

Bei einer unkritischen Übernahme veröffentlichter Beispiele kämen die ÜbungsleiterInnen und Lehrkräfte ihrer Verpflichtung, Unfälle zu vermeiden, nicht mehr im notwendigen Umfange nach.

Diese Ausführungen verdeutlichen, daß die „alternative" Nutzung von Sportgeräten die verantwortlich handelnde Lehrkraft mit einer umfangreichen Sachkompetenz erfordert.

1.5 Mut zum Risiko – auf sicherer Basis!

Insofern versteht sich dieses Buch als eine Hilfe, positive sportpädagogische Zielsetzungen abgesichert umzusetzen. Es enthält Hinweise auf besondere Gefahrenquellen und stellt positive, aber auch bedenkliche und gefährliche Beispiele von Gerätearrangements vor.

Lehrerinnen und Lehrer, Übungsleiterinnen und Übungsleiter, die die Gestaltung von Gerätearrangements und Risikosituationen planen, sollten sich daher an folgenden Grundsätzen orientieren:

- **Verlässlichkeit, Vertrauen**, gegenseitige **Achtung** und **Hilfsbereitschaft** stellen in einer Gruppe wesentliche Voraussetzung für einen unfallfreien Umgang mit gestalteten Bewegungsrisiken darstellen, diese Grundhaltungen müssen entweder vorhanden sein oder über gezielte Angebote entwickelt werden (s. S. 19).
- **Risiko** und **Kontrolle** müssen einander entsprechen. Weder darf eine Situation ein nicht mehr kontrollierbares Risiko darstellen

(z.B. indem die notwendige Selbst- und Fremdsicherung unterlassen wird), noch dürfen die Kontrollmechanismen die Bewegung soweit einschränken, daß jede Selbstbewegung mit Entscheidungs- und Irrtumsspielraum unmöglich wird. Risiko beinhaltet immer die Option des Scheiterns. Diese Option muß bestehen bleiben. Neben dem Erkenntnisgewinn, eine Situation mit den gewählten Mitteln nicht bewältigt zu haben und deswegen andere zu wählen oder sich anzueignen, treten in bewegungsorientierten Risikosituationen die unmittelbar sinnlich – manchmal auch körperlich unangenehm- spürbaren Rückmeldungen über gelungene bzw. mißglückte Aktionen. Dabei müssen allerdings Verletzungen ausgeschlossen werden. Notwendig sind daher Geräteaufbauten mit abgestuften Schwierigkeitsgraden, damit auch individuelle Bewältigungsstrategien entwickelt werden können (siehe dazu die jeweiligen Kommentare zu den vorgestellten Aufbauten).

- Zwingender **Aufforderungscharakter** der Situation und **Freiwilligkeit der Teilnahme**. Damit ist nicht gemeint, daß man z.B. am Sportunterricht nur noch freiwillig teilnehmen soll, sondern es darf keine unausweichliche Verpflichtung geben, sich in die dort hergestellte Situation zu begeben. Nur wer sich freiwillig auf eine Situation einläßt, kann sich auch darin selbst steuern. Wer gezwungen wird, sei es durch Anweisung oder Gruppendruck, ist schon gefährdet.

- **Differenziertes Sichbewegen** und **verbindliche Absprachen**. Abenteuerliche und risikoreiche Situationen müssen die Selbsteinschätzung und Selbststeuerung der Teilnehmenden und ihre Verantwortlichkeit aufrufen und ernst nehmen. Dadurch kommt es zu ganz unterschiedlichen Bewegungsleistungen, die auch in differenzierter Gruppenarbeit ohne ständige unmittelbare und direkte Lehrerkontrolle stattfinden können müssen. Gleichwohl muß es eine für alle umgreifende, verbindliche Absprache über die Grenzen dessen geben, was noch gewagt werden darf, und es muß verbindlich auf die Einsprüche, auch die situativ spontanen Einsprüche der Lehrkraft, reagiert werden.

- Gerätearrangements sollen immer **vielseitige Anforderungen** stellen und die individuelle **Bewegungssouveranität** und -sicherheit fördern. Dazu gehören:

- die Förderung der Wahrnehmungsfähigkeit (z.B. Reaktionen auf akustische, optische, vestibuläre und taktile Reize)
- die Förderung der koordinativen Fähigkeiten und
- die Förderung der konditionellen Fähigkeiten.

1.6 Was muß unbedingt beachtet werden?

Basierend auf diesen Grundsätzen sind bei der Nutzung von Geräten folgende Aspekte genau zu prüfen, bzw. zu berücksichtigen:

✓ Das Risiko ist bereits bei der Planung möglichst exakt abzuschätzen. Hierzu kann es notwendig sein, Informationen über die Geräte und ihre Einsatzmöglichkeiten beim Hersteller einzuholen.

✓ Bei der Planung von Gerätearrangements sollten fachliche Beratungsmöglichkeiten genutzt werden (erfahrene Kolleginnen und Kollegen; Fachberaterinnen und Fachberater; Unfallversicherungsträger; Fortbildungsmöglichkeiten, Sportgerätehersteller oder andere Möglichkeiten, z.B. Bergsportzentrale).

✓ Gerätearrangements mit schwingenden Großgeräten sind grundsätzlich zu vermeiden, da die auftretenden Belastungen nicht mehr kalkulierbar und berechenbar sind.

✓ Die Gerätearrangements sind immer auf die Fähigkeiten, Fertigkeiten und psychischen Dispositionen der Kinder und Jugendlichen abzustimmen. Diese sind im Zweifel eher niedriger als zu hoch anzusetzen.

✓ Geräte sollen nur so eingesetzt werden, daß sie nicht beschädigt werden. Dies gilt vor allem auch für Matten. Diese dürfen über das beim Tragen hinausgehende Maß nicht gebogen oder geknickt werden. Deshalb sind bei Aufbauten, bei denen Matten geknickt werden, nur solche Matten einzusetzen, die nicht mehr bei den üblichen Landesituationen benutzt werden. Solche Matten sollten dauerhaft besonders deutlich gekennzeichnet sein.

✓ Die Gerätearrangements sind so zu gestalten, daß jede Schülerin und jeder Schüler die Möglichkeit hat, eine Bewegung bzw. eine Übung jederzeit abzubrechen, ohne sich selbst oder andere zu gefährden.

- ✓ Alle eingesetzten Geräte sind vor Einsatz auf Funktionstüchtigkeit äußerlich erkennbare Mängel zu überprüfen. (z.B. Holzgeräte auf Splitterung)
- ✓ Die Lehrkraft bzw. die ÜbungsleiterIn muß die Gerätearrangements nach dem Aufbau und vor *Inbetriebnahme* durch die Kinder und Jugendlichen auf „Betriebssicherheit“ überprüfen (*Baupolizei*).
- ✓ Bei schwingenden Gerätearrangements sind die Schwungbereiche frei zu halten. Schwingende Geräte müssen jederzeit gefahrlos zum Stillstand gebracht werden können.
- ✓ Fall-, Abgangs- und Sicherheitsbereiche sind freizuhalten und – wenn erforderlich – mit geeigneten Matten abzusichern. Der Sicherheitsbereich ist der Bereich, der an die Fall- und Abgangsbereiche angrenzt.
- ✓ Die Verbindungen zwischen den Geräten setzen Kenntnisse in der Knotentechnik sowie geeignetes Seil- und Gurtmaterial voraus. Nur solche Knoten sind zu verwenden, die sicher beherrscht werden.
- ✓ Während des Auf-, Um- und Abbaus von Gerätearrangements darf an den Geräten nicht geturnt oder gespielt werden.
- ✓ Die Lehrerin/der Lehrer bzw. ÜbungsleiterIn muß auf eindeutige Anweisungen, Aufgabenstellungen und Verbote achten.
- ✓ Werden für solche Geräterarrangements Taue verknotet, müssen die Knoten unbedingt nach jeder Benutzung wieder gelöst werden. Dauerknoten in Tauen stellen eine potentielle Gefahr dar.

Diese Auflistung ist naturgemäß einem gewissen Vollständigkeitsanspruch verpflichtet. Sie ist nicht im Sinne einer formalen Abhakliste zu verstehen, die dann auch wieder überfordernd und/ oder abschreckend wirken kann. Es sollte aber hiermit das Augenmerk auf wichtige Punkte gelenkt werden, deren Gewichtung und Einhaltung von den jeweils spezifischen materiellen und sozialen Bedingungen der Arbeit mit der Lerngruppe abhängig ist.

Wer Bewegungsangebote plant, muß sich bei seiner Entscheidung immer der Verantwortung für das körperliche und psychische Wohlergehen der Mitglieder der Lerngruppe bewußt sein.

2. Kooperation schafft Vertrauen

Die formulierten pädagogischen und insbesondere sozialen Ziele, die mit gestalteten Risiko- und Abenteuersituationen verfolgt werden, erfüllen sich weder im Selbstlauf noch voraussetzungslos. Der qualitativ grundlegende Unterschied zu anderen Sportsituationen besteht allerdings darin, daß die gegenseitige Hilfe und das Vertrauen in die Gewährung dieser Hilfe durch andere Personen der Lerngruppe eine conditio sine qua non für die Bewältigung riskanter Situationen darstellt. Kooperatives Verhalten, gegenseitige Hilfe und das Vertrauen darin bilden also nicht nur pädagogischen Absichten der Unterrichtenden, sondern sind eine grundlegende Funktion des Unterrichts, sowohl Voraussetzung als auch Ergebnis.

Diese sozialen Voraussetzungen können und müssen häufig gelegt und weiterentwickelt werden. Dazu eignen sich in besonderer Weise Kooperations- und Vertrauensspiele und -übungen.

Ziele solcher Bewegungsformen im Abenteuer- und Erlebnissport können sein:

- die Sensibilisierung von Wahrnehmung und Hilfen zur Kommunikation auch im Gefühlsbereich;
- das Erkennen der eigenen Person, verbunden mit dem Aufbau eines Selbstbildes, Selbstwertgefühl, Selbstverantwortlichkeit;
- Hilfe zur Entwicklung von Vertrauen, Offenheit, Echtheit, offenes, konstruktives Feedback;
- flexibler Umgang mit Rollen und Normen;
- Entwicklung von Kooperation, Entscheidungs- und Konftiktstrategien.

(s. Reiners, A.: Praktische Erlebnispädagogik. München 1993)

Solche Bewegungsformen können quasi als Nebeneffekt auch noch zu einem erweiterten Verständnis von Schul- und Vereinssport führen, in dem nicht nur Wettkampf und Konkurrenz die vorrangigen sportbezogenen Wertorientierungen bilden. Durch den bewußten Einsatz von Körpererfahrung, Wahrnehmungsschulung und Sinnesintegration können und sollen in kooperativen Bewegungsformen bei Kindern und Jugendlichen auch Erfahrungs- und Wertehorizonte erweitert werden. Im folgenden werden einige Spiel- und Bewegungsformen vorgestellt, mit denen solche Zielstellungen verfolgt werden können. Diese können die soziale Atmosphäre in einer Lerngruppe stützen, sind für sich genommen gleichwohl keine Garantie dafür. Daher ist in jedem Einzelfall zu prüfen, ob diese von der Gruppe angenommen werden. Ein Scheitern kann ein Indiz dafür sein, daß die Lerngruppe die Voraussetzung für ein auf Vertrauen und Kooperation basierendes Vorhaben (noch) nicht aufweist.

Dieses Scheitern in eher sanften und sensiblen Bewegungsformen, die den gängigen und von den Medien transportierten „sportiven" Werten und Normen nicht entsprechen, muß jedoch nicht zwangsläufig ein Scheitern von Angeboten in Abenteuersituation zur Folge haben. Zudem ist auch der Übergang zwischen den beiden Bereichen Sensibilisierung, Kooperation und Abenteuer fließend gestaltbar.

Diese Aussage ist gleichzeitig ein Plädoyer für einen flexiblen, den Voraussetzungen und Bedürfnissen der jeweiligen Lerngruppe angemessenen Umgangs mit allen Formen von Abenteuer- und Erlebnissport.

2.1 Sensibilisierungsübungen

Die folgenden Beispiele werden in zwei Kategorien unterteilt.

Alle Vorschläge können und sollen natürlich entsprechend den jeweiligen Gegebenheiten, Wünschen und Bedürfnisse variiert, erweitert und ergänzt werden.

Die aufgeführte Reihenfolge ist daher auch nicht als Rangfolge zu verstehen.

Bei den hier beschriebenen Sensibilisierungsübungen wird der optische Sinneskanal ausgeschaltet und die Bewegungsformen und/ oder Spiele werden mit geschlossenen Augen durchgeführt. Dadurch soll eine verstärkte und bewußte Wahrnehmung der anderen Sinneswahrnehmungen und die Konzentration auf sich selbst hergestellt werden. Ziel sind neue Raum-, Sinnes- und soziale Wahrnehmungen, die Vertrauen erfordern und voraussetzen, da die beteiligten Partner/innen die andere Person/en führen und vor unangenehmen und schmerzhaften Kollisionen bewahren.

Bei allen Übungen mit geschlossenen Augen muß absolute Verläßlichkeit gegeben sein. Es darf zu keinen Zusammenstößen mit Personen und/oder Gegenständen kommen. Die Augen müssen auch nicht mit Tüchern oder anderen Hilfsmittel verbunden werden. Alle Personen sollen die Augen soweit und solange schließen, wie es ihnen selbst angenehm ist und wie sie sich sicher fühlen. Angstzustände müssen auf jeden Fall vermieden werden. Wer zunächst noch „blinzeln" muß, darf dies tun. Keine/r darf dazu gezwungen werden, die Augen geschlossen zu halten. Als eine Vorstufe für Bewegungsformen mit geschlossenen Augen können Sonnenblenden benutzt werden, die, unter die Nase geklemmt, auch das Sichtfeld erheblich einschränken. Angst vermeiden!!!

Blindenführung

– In 3er Gruppen wird die mittlere Person von den beiden äußeren untergehakt und in zunächst langsamen, dann unterschiedlichem Tempo und Rhythmus, in unterschiedliche Richtungen durch die Halle geführt.

– In 3er Gruppen wird die 'blinde' Person an zwei Stellen des Raumes und zu einer anderen 'blinde' Person geführt. Dort darf sie tasten, wird zur Hallenmitte zurückgeführt und rät nun mit geöffneten Augen, an welchen Stellen bzw. bei welcher Person sie war.

Goofie

Alle wollen ein Teil von Goofie werden. Goofie wird am Ende eine lange Schlange oder ein Haufen. Alle Personen gehen einzeln mit geschlossenen Augen im Raum und fragen leise jede/n, der/m sie begegnen: „Bist Du Goofie?" Alle bis auf Goofie antworten leise mit „Nein". Der von/m Spielleiter/in bestimmte Goofie kann sehen und antwortet auf die Goofie-Frage mit „Ja", und nimmt diese Personen in „Polonaiseformation" mit.

Tanz der Vampire

Schließt alle die Augen (Vampire sind ja nur nachts unterwegs) und beginnt umherzuwandern. Eine/r von euch wird von dem/r Spielleiter/in heimlich zum Vampir ernannt. Auch der Vampir hat seine Augen geschlossen. Wenn er mit jemandem zusammenstößt packt er sein Opfer mit einem blutrünstigen Schrei, und auch das Opfer wird dann zu einem Vampir. Geraten zwei der Blutsauger aneinander, dann verwandeln sie sich beide sofort wieder in gewöhnlich Sterbliche (mit Ausnahme des 'Ur' Vampirs).

Gassenlauf/Autowaschanlage

Die Mitspieler/innen bilden eine lange, kurvenreiche Gasse mit ca. 1m Abstand. Eine Person läuft mit geschlossenen Augen durch diese Gasse, wird ggf. mit sanften Berührungen wieder auf den rechten Weg gebracht (gewaschen). Am Ende schließt sie sich der Gasse an.

Zellkern

3-4 Personen in Handfassung (Zellwände) bilden den Schutz für eine Person (Zellkern) in diesem Kreis. Der Zellkern schließt die Augen und bewegt sich nach selbst gewähltem Tempo durch den Raum. Jeder Kontakt mit den Zellwänden signalisiert „Gefahr" und soll zu Richtungswechsel, zur Temporeduzierung oder zum Stand führen, um Zusammenstöße zu vermeiden.

Hühnerhof

Die Gruppe teilt sich paarweise auf. Die einzelnen Paare verständigen sich auf ein Geräusch, mit dem die sehende Person die nichtsehende durch den Raum lotst.

Count to seven

Die Gruppe liegt mit geschlossenen Augen auf dem Boden und zählt von 1-7 und von 7-1 ohne Festlegung der Reihenfolge. Sollten zwei Personen zur gleichen Zeit die gleiche Zahl sagen, muß neu begonnen werden. (Beruhigt „Unruhige Geister").

2.2 Kooperationsübungen

Bei diesen Formen sollen Bewegungsaufgaben gelöst werden, in denen zwar gewisse Grenzen von Vertrauen und auch körperlichen Fähigkeiten getestet werden können und sollen, dies jedoch nicht in einer Überbietungs- und Wettkampfsituation. Vielmehr soll durch die Hilfe von Partner/innen diese Grenze nur erfahren, nie überschritten werden. Auch bei diesen Formen ist das Motto „Jede/r kann – keine/r muß" strikt anzuwenden.

Aura

2 Personen stehen sich gegenüber, legen die Handflächen aneinander und schließen die Augen. Laßt jetzt die Hände sinken und dreht euch, immer noch mit geschlossenen Augen, dreimal um die eigene Achse. Versucht sofort danach, ohne die Augen zu öffnen, die Handflächen des Partners wiederzufinden.

Wattekreis

Alle stehen im Kreis auf einem Bein, Handinnenflächen aneinander. Durch Kreisen von Händen, Armen soll PartnerIn zu Balanceübungen/-gefühl verholfen werden. Dabei ist es das Ziel, die anderen aus dem Gleichgewicht zu bringen, aber jeweils nur so weit, daß sie sich mit eigenen Bewegungen und Hilfen der anderen wieder in's Gleichgewicht bringen können, ohne den zweiten Fuß aufsetzen zu müssen.

Stand-Halten

Zwei Spieler/innen stellen sich auf einer ebenen Fläche eine Armeslänge voneinander entfernt auf. Die Füße stehen eng aneinander und die Handflächen sind dem Partner zugewandt. Nun wird versucht, den Partner aus dem Gleichgewicht zu bringen – aber danach auch gleich wieder zurückzuholen. Dabei dürfen sich aber nur die Handflächen berühren. Finten und Täuschungsmanöver mit den Händen sind erlaubt. Aber immer daran denken: Nur die Handflächen dürfen sich berühren.

Gordischer Knoten

Alle Spieler/innen (bis 10-12) stellen sich Schulter an Schulter im Kreis dicht aneinander, reichen die Arme in die Mitte und fassen jeweils 2 andere Hände (die eigenen nicht kreuzen, nicht die Hände der/s Nachbar/in und nicht 1 Paar bilden). Dann wird versucht, ohne die Hände zu lösen einen großen Kreis zu bilden; den Knoten aufzulösen.

Spinnennetz

Die Spieler/innen bilden einen großen Kreis und haben zwischen sich jeweils ein Ende eines Springseils in der Hand. Aus diesem Kreis soll ein möglichst verzweigtes Spinnennetz werden, indem an vielen Stellen gekreuzt, überstiegen, hindurchgetaucht wird. Ziel ist es dann, das Netz bis in die Ausgangsposition wieder zu entwirren.

Insellauf/Sumpfquerung

Jede Gruppe hat 2 Matten von einer Grundlinie zur anderen zu transportieren, ohne daß jemand der Gruppe den Boden berühren darf. (Mögliche Regel: für jeden Bodenkontakt erhält die andere Partei eine Mattenbreite Vorsprung). (Variation mit Kastenteilen oder anderen Geräten).

Stahl-Walzwerk Risa

Die Gruppe liegt eng nebeneinander auf dem Boden. Eine Person legt sich quer darüber und wird durch gemeinsames Rollen der Gruppe nach hinten transportiert.

Förderband/Fliegender Fisch

a) Die Paare fassen sich gegenüber stehend fest an den Handgelenken und stehen dicht nebeneinander – eine Person legt sich auf diese Hand-/Armreihe und wird sanft an's Ende der Reihe befördert.

b) Von einem Kasten läßt sich eine Person mit voller Körperspannung auf die Hand-/Armreihe fallen.

Steife Puppe

In einem engen Kreis läßt sich eine Person mit voller Körperspannung „hin- und herschubsen“.

Brücke mit Stäben

Es wird eine Gasse gebildet und zu zweit werden Gymnastikstäbe mit beiden Händen festgehalten.(Je nach Gewicht der Teilnehmer/innen ein oder zwei Stäbe benutzen) Es entsteht so eine Brücke die verschiedene „Höhen“ aufweist. Die Brücke wird ausgehend von einem großen Kasten überwunden, dabei können die Köpfe der Paare als Balancehilfe benutzt werden.

3. Beispiele für Gerätearrangements

Im folgenden werden Beispiele für Gerätearrangements vorgestellt, die unter sicherheitserzieherischen Gesichtspunkten durchführbar sind und solche, bei denen das Risiko nicht mehr kalkulierbar ist und die deshalb unzulässig sind. Es handelt sich dabei um Beispiele, die in verschiedenen Veröffentlichungen zum „Abenteuer- und Erlebnissport" vorgestellt wurden und an und mit denen die grundlegenden Bewegungsformen (Grundtätigkeiten) Klettern, Rollen, Balancieren, Schaukeln, Schwingen und Springen geübt werden können. Die Positiv- und Negativbeispiele können nur exemplarisch verdeutlichen, was machbar ist und was nicht gemacht werden soll, weil das Risiko nicht mehr kalkuliert werden kann.

Aber auch die „positiven" Beispiele sind nicht immer bedenkenlos umsetzbar. Vor allem aus sicherheits-technischer Sicht ist bei vielen Beispielen zu berücksichtigen, daß nur alte, nicht mehr für die üblichen Landesituationen einsetzbare Matten, verwendet werden dürfen.

Darüber hinaus ist zu beachten, daß bei einer Veränderung eines der im folgenden dargestellten Gerätearrangements, dieses „neue Arrangement" entsprechend den skizzierten Grundsätzen zu prüfen ist. Zudem gilt auch bei diesen Beispielen, das Risiko individuell zu gestalten und langsam zu steigern.

3.1 Rollen

Das Rollen umfaßt den Erlebnisbereich von Drehungen in alle Richtungen und um die Körperachsen. Der Reiz liegt vorwiegend in der vestibulär vermittelten Erfahrung der ungewohnten und oft als kleine Sensation empfundenen schnell wechselnden Lage des Körpers im Raum. Bei häufiger Wiederholung kann diese kleine Sensation bis zum Schwindel gesteigert werden. Besondere Anforderungen liegen im Bereich der Orientierung des Körpers im Raum, der Körperspannung und der Koordinierung der Teilkörperbewegungen. Ein besonderes Augenmerk sollte bei allen Drehungen um die Körperquerachse (der Halswirbelsäule) geschenkt werden, indem sie vor starken und unphysiologischen Belastungen geschützt wird. Insbesondere auf Rollbewegungen rückwärts sollte besonders vorbereitet werden. Diejenigen, die sich diese Bewegungsformen nicht zutrauen, sollten auf keinen Fall dazu überredet oder sogar gezwungen werden. Als Gerätearrangements, bei denen Rollbewegungen gefördert und gefordert werden, können vor allem Rollhügel und schräge Ebenen verschiedenster Art eingesetzt werden.

Durchführbare Gerätearrangements

Rollhügel

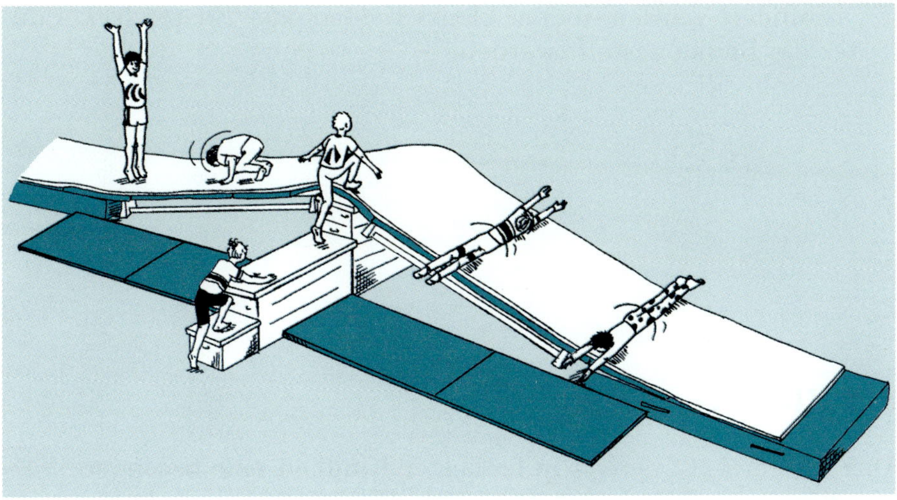

→ Absicherung der Fall- und Sicherheitsbereiche mit Gerätturnmatten

→ Matten dürfen nicht geknickt werden; wenn Matten geknickt werden, nur Matten verwenden, die nicht mehr für die üblichen Landesituationen benutzt werden

→ Bänke durch Matten oder kleine Kästen vor dem Wegrutschen sichern

Pädagogische Hinweise / Konstruktionshilfen:

- Sollte der Bodenläufer an den Seiten über die Bänke bzw. Mattenunterlage hinausreichen und somit die Unterstützungsfläche fehlen, müßte dieses von außen erkennbar sein. Hier bietet sich eine Kennzeichnung mit Kreide (die sich nachher leicht entfernen läßt) an.

- Die Anlage kann auch mit Gerätturnmatten auf den Bänken genutzt werden.
- Durch häufiges Beturnen der Anlagen oder durch Bewegungsformen, die ein Federn der Bänke verursachen, kann es zum Verrutschen der Bänke kommen. Das Wippen der Bänke kann verhindert werden, indem kleine Kästen oder Kastendeckel unter die Bänke gestellt werden.

☺ ☺ ☺

3.2 Klettern

Das Klettern übt bereits in frühester Kindheit eine besondere Faszinations aus. Dabei muß das eigene Körpergewicht gehalten werden können. Die kletternden Personen müssen sich, von großen oder kleinen, festen oder beweglichen Auflageflächen ausgehend, vornehmlich mit Hand- und/oder Fußeinsatz hochziehen, schieben oder stützen. Dabei spielen die eigene Kraft, die Kraftausdauer, die Körperspannung, die Aufrechterhaltung des Gleichgewichts, aber auch die Koordination zwischen Hand- und Fußeinsatz, das Erkennen und Nutzen der gebotenen Kletterhilfen ebenso eine wichtige Rolle wie das richtige Einschätzen des einzugehenden Risikos.

Bei allen Kletterformen ist das Risiko des Absturzes gegeben. Es sind daher Vorkehrungen zu treffen, daß sich Schülerinnen und Schüler nicht verletzen, und es ist auf die geeignete Mattenauswahl zu achten.

Durchführbare Gerätearrangements

The Wall

- Als „Wand“ nur Weichbodenmatten benutzen, die nicht mehr für die üblichen Landesituationen benutzt werden
- Absicherung des Fallbereichs mit Weichboden- oder Niedersprungmatten, Gerätturnmatten im Sicherheitsbereich
- Die Anlage nur mit einer Person belasten
- Keine Springseile verwenden, nur Seile mit entsprechender Belastbarkeit (z.B. Nylonseil 8 mm)
- Knoten: Palstek

Pädagogische Hinweise / Konstruktionshilfen:

- Das Verrutschen der eingezeichneten Seile kann dadurch verhindert werden, daß die Seile bei der Befestigung zusätzlich durch die Sprossen gezogen werden.
- Handelt es sich um sehr weiche Mattenkerne, müssen die Seile so stramm wie möglich angezogen werden. Ansonsten ist ein Beklettern in der dargestellten Form kaum möglich.
- Mattenschonender als Seile ist die Verwendung von breiten Transportbändern.

☺ ☺ ☺

Flußüberquerung

- ➔ Befestigen des Taus am Pfosten (bei Reck) oder an der Wange bzw. in Wangennähe (bei Sprossenwänden)
- ➔ Fallbereich mit Weichbodenmatten sichern
- ➔ Knoten: Palstek

Pädagogische Hinweise / Konstruktionshilfen:

- Die Taue sind an den Reckpfosten leichter zu befestigen, wenn die Befestigungselemente der Reckstange zusätzlich unterhalb des Taus in den Reckpfosten eingebracht werden.

- Ggf. ist es angebracht, daß die Bewegungsrichtung, in der die Anlage überwunden werden soll, angezeigt wird. Dies kann durch Pylonen oder kleine Kästen geschehen.
- Mit Transportbändern, die von der Belastung hoch ausgelegt sein müssen (Gewicht der Aktiven ist zu beachten), kann ein Schlappreck konstruiert werden.

☺ ☺ ☺

Gebirgstour

→ Taue und Langbänke an den Sprossenwänden nur in Wangennähe befestigen

→ Nur Weichbodenmatten verwenden, die für die üblichen Landesituationen nicht mehr benutzt werden

→ Im Fallbereich Absicherung durch Weichbodenmatten; im Sicherungs- und Abgangsbereich durch Gerätturnmatten

→ Taue nur mit einer Person belasten

→ Knoten: Palstek

Pädagogische Hinweise / Konstruktionshilfen:

- Sollte der Weichboden einen sehr weichen Mattenkern haben, müßten die horizontal verlaufenden Seile um die Matte stramm gespannt werden. Zusätzlich sollten sie an der Sprossenwand verknotet sein, damit ein Herunterrutschen nicht möglich ist. Ansonsten ist ein Überwinden der Weichbodenmatte kaum möglich.

☺ ☺ ☺

Hindernisbahn

➔ Je nach Kletterhöhe Absicherung des Fallbereichs mit Gerätturn- oder Weichbodenmatten, des Landebereichs mit Niedersprungmatten

➔ Großer Kasten höchstens fünfteilig

Pädagogische Hinweise / Konstruktionshilfen:

- Je nach Aufgabenstellung müßten die Mattenauslagen so gewählt werden, daß der Nutzungsbereich der Geräte auf jeden Fall mit den entsprechenden Matten versehen ist. Hier sind insbesondere Höhenunterschiede, die durch den Eisenfuß des Barrens entstehen, auszugleichen.
- Durch das Verstellen der Barrenholme ergeben sich unterschiedliche Anforderungsprofile. Das Überwinden von Barrenholmen, die über Kreuz stehen, stellt dabei eine hohe Anforderung dar.

Gletscherspalte/Karriere ☺

→ Nur mit Weichbodenmatten aufbauen, die für die üblichen Landesituationen nicht mehr benutzt werden

Pädagogische Hinweise/Konstruktionshilfen:

- Finden an Stelle der Sprossenwand vorhandene Turnleitern für diesen Aufbau Verwendung, so ergibt sich ggf. ein großer Zwischenraum zwischen Wand und Leiter. In diesem Fall ist ein schnelles Durchrutschen der Aktiven durch die Gletscherspalte (je nach Dicke der Weichböden) möglich und die Landung müßte dementsprechend durch eine Mattenunterlage gesichert werden. Je nach Einsprunghöhe und der zu erwartenden Geschwindigkeit, in der die Aktiven durch diese Gletscherspalte rutschen können, müßte unter die Weichböden eine Turn- oder Niedersprungmatte gelegt werden, um Fußverletzungen vorzubeugen.
- Bei erstmaliger Nutzung dieses Aufbaus sollten entsprechende zeitliche Abstände zwischen den Aktiven gewählt werden, um ein sicheres und angstfreies „Herauslösen“ aus den Weichböden für den Aktiven zu ermöglichen.
- Die Aktiven können wegen der Enge sehr schnell unter Platzangst leiden, hierauf muß hingewiesen werden.

☺ ☺ ☺

Steilwand

- → Je nach Kletterhöhe Absicherung des Fallbereichs mit Gerätturn- oder Weichbodenmatten
- → Befestigung des Seils an den Wangen, Seil mit entsprechender Belastbarkeit (z.B. Nylonseil 8 mm)
- → Belastung mit einer Person
- → Knoten: Palstek

Pädagogische Hinweise / Konstruktionshilfen:

- Durch die Veränderung der Seilhöhe an der Sprossenwand ist ein differenziertes Arbeiten auch in verschiedenen Altersklassen möglich.

- Durch ein schräg aufgehängtes Seil kann ebenfalls eine Differenzierung erzeugt werden.

- Bei überlangen Seilen (z.B. Taue zum Tauziehen) bereitet häufig die Befestigung an einer Schenkelseite der Sprossenwand Schwierigkeiten. Sollten sich zwei Sprossenanlagen nebeneinander befinden, kann ggf. die zweite Anlage in diesen Aufbau mit einbezogen werden.

- Vor der erstmaligen Installation eines solchen Aufbaus sollte überprüft werden, ob die Befestigungen der Sprossenwände noch intakt sind.

☺ ☺ ☺

Brücke

- ➔ Absicherung des Fallbereichs mit Weichbodenmatten, des Landebereichs mit Niedersprungmatten
- ➔ Bank mit kleinen Kästen oder Gerätturnmatten vor Wegrutschen sichern
- ➔ Bänke und/oder Leiter mit dafür ausgelegten Nylonseilen (Kreuzknoten) verbinden
- ➔ Belastung der Brücke mit max. zwei Aktiven

Pädagogische Hinweise / Konstruktionshilfen:

- Als Alternative zu der dargestellten Bank können Leitern verwendet werden.
- Nur zugelassene Leitern (z.B. aus dem Lüneburger Stegel) verwenden

- Eine Variation des Aufbaus ergibt sich (bei der Benutzung der Bänke/Leitern) durch

  a) Benutzung der Ober- oder Unterseite der Bänke

  b) durch das Balancieren auf dem Mittelsteg der umgedrehten Bank.

- Gleichgewichtshilfen können ggf. durch eine Handfassung gegeben werden.

- Sollte die Körpergröße der Aktiven nicht ausreichen, um eine Gleichgewichtshilfe beim Überwinden der Leiter/Bank zu geben, so kann dies über gehaltene Turnstäbe (auf einer oder beiden Seiten) erfolgen.

☺ ☺ ☺

Reckfenster 

- ➔ Keine Springseile verwenden, sondern nur Seile mit entsprechender Belastbarkeit (z.B. Nylonseil 8 mm)
- ➔ Je nach Kletterhöhe Absicherung des Fallbereichs mit Gerätturn- oder Weichbodenmatten
- ➔ Knoten: Palstek

Pädagogische Hinweise / Konstruktionshilfen:

- Die Befestigung der Nylonseile oder Taue gelingen leichter, wenn sich in den Reckpfosten die Befestigungsmechanismen der Reckstange befinden.
- Eine Erschwernis für die Aktiven kann einerseits durch eine Höhenverstellung und andererseits durch die Aufgabenstellung, z.B. sich begegnender Aktiver, erreicht werden.
- Einigen Teilnehmern fällt es leichter diesen Aufbau zu überwinden, wenn sie ohne Turnschuhe über Seile und Reckstangen balancieren. Diesen Hinweis müßte man abhängig von der Zielgruppe geben.

- Mit entsprechend dafür ausgelegten Transportbändern kann ein Schlappreck konstruiert werden.

Berg und Tal

→ Absicherung des Fallbereichs durch Weichbodenmatten, bei niedrigeren Höhen mit Gerätturnmatten, des dargestellten Landebereichs mit Niedersprungmatten

Pädagogische Hinweise / Konstruktionshilfen:

- Die Verwendung eines Seiles zwischen den Barren als Gleichgewichtshilfe wird von vielen Aktiven nicht positiv beurteilt. Die Befestigung eines solchen Seiles bereitet zudem Schwierigkeiten, da es sich auf dem Holm verschieben läßt.
- Sollten nicht genügend Barren für dieses Aufbau zur Verfügung stehen, können Reckanlagen mit einbezogen werden.
- Um größere Höhenunterschiede zu konstruieren, können ebenfalls feststehende Handstandbarren oder hoch eingestellte Reckanlagen (Spannrecks) mit in dem Aufbau verwendet werden.

- Bei baugleichen Barren ist ein Herauslösen der Barrenholmelemente und eine Überkreuzeinstellung möglich, um ein anderes/neues Anforderungsprofil für die Aktiven zu schaffen.

☺ ☺ ☺

Hängebrücke

- → Nur in die Ringe greifen oder treten
- → Absicherung des Fallbereichs mit Weichbodenmatten
- → Belastung mit einer Person pro Ringepaar

Pädagogische Hinweise / Konstruktionshilfen:

- Die eingezeichnete Verbindung der Ringe durch geeignete Seile stellt nicht für alle Aktive eine Erleichterung dar.
- Sollten sich die Ringanlagen nah beieinander befinden, ist das eingezeichnete Seil überflüssig.
- Ein Sprungseil als Verbindungsseil darf nicht betreten werden, ein Festhalten ist ebenfalls nicht möglich.

- Durch die Höhenverstellbarkeit einzelner Ringe ergibt sich ein neues Anforderungsprofil für die Aktiven.
- Bei leistungsschwächeren Aktiven kann zwischen den beiden mittleren Ringen durch das Herauslösen der Ringe und Einbringen einer Trapezstange eine stabile Position konstruiert werden. Auf der Trapezstange können sie sich ggf. erholen oder die Anlage insgesamt einfacher überwinden.

☺ ☺ ☺

Vierfüßler

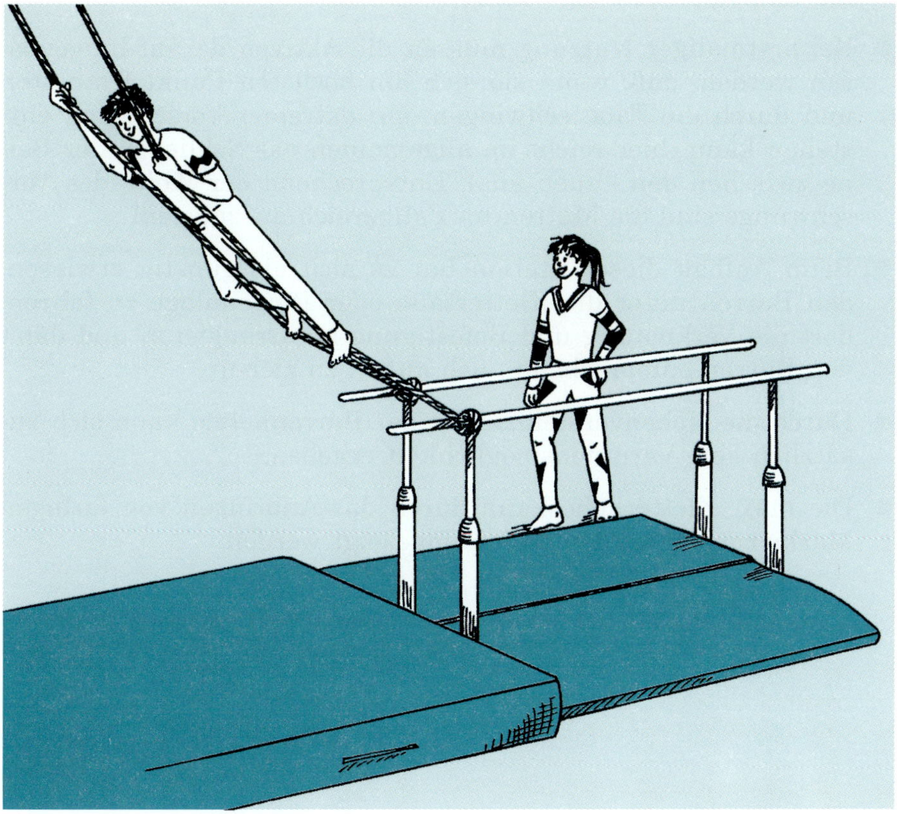

- ➔ Absicherung des Fallbereichs mit Weichbodenmatten und des Sicherheitsbereichs mit Gerätturnmatten
- ➔ Befestigung der Klettertaue am Barren mit Palstekknoten
- ➔ max. Kletterhöhe 3 m

Pädagogische Hinweise / Konstruktionshilfen:

- Je nach Länge des Klettertaus bereitet die Befestigung des Taus am Barren Probleme. Alternativ könnten Ringanlagen verwendet werden, in dem die Ringe aus den Schlaufen herausgenommen und die Schlaufen am Barrenholm in Höhe des Verstellmechanismus befestigt werden.

- Bei erstmaliger Nutzung müssen die Aktiven darauf hingewiesen werden, daß, wenn sie sich am höchsten Punkt festhalten und durch die Taue schwingen, ein extremer Vorschwung entstehen kann (hier reicht im allgemeinen das Schließen der Beine zwischen den Tauen aus). Entsprechend der Weite des Vorschwungs sind die Matten im Fallbereich auszulegen!
- Beim Aufbau dieser Station hat es sich als günstig erwiesen, den Barren unter die Klettertaue oder Ringeanlage zu fahren, dort die Verknotung und Befestigung zu arrangieren und dann den Barren entsprechend nach außen zu ziehen.
- Durch die Höhenverstellbarkeit der Barrenholme kann sich zusätzlich eine Variationsmöglichkeit ergeben.
- Die max. Kletterhöhe kann durch das Anbringen von farbigen Markierungen an den Seilen angezeigt werden.

☺ ☺ ☺

Unzulässige Gerätearrangements

Turm-Bank

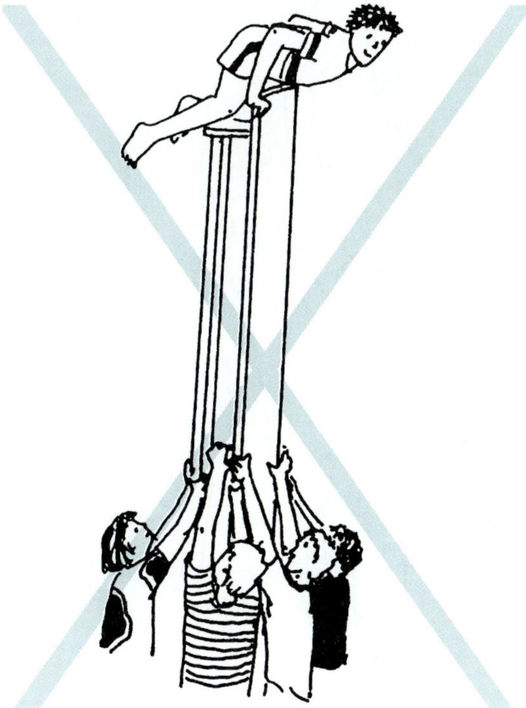

→ Kein hindernisfreier Fallbereich; erhöhte Eigengefährdung und Gefährdung der anderen Aktiven

Der Weidenzaun

- → Kein hindernisfreier Fallbereich; Gefährdung der anderen Aktiven
- → Übermäßiges Knicken der Weichböden, Verlust der Dämpfungseigenschaft

Sprung über den Abgrund

- Keine ausreichende Dämpfung bei der Landung
- Übermäßiges Knicken der Weichböden Verlust der Dämpfungseigenschaften
- Landebereich nicht gesichert

3.3 Schaukeln/Schwingen

Ähnlich wie beim Rollen vermittelt die sich schnell ändernde Körperlage im Raum beim Schwingen körperliche und emotionale Sensationen. Durch das geschickte Erkennen und Nutzen des Umkehrpunktes beim Schaukeln kann der Schwung individuell gesteigert, kontrolliert und gebremst werden. Dabei verstärken Geschwindigkeit und Fliehkräfte die körperlichen Erlebnisse. Die Anforderungen für diese Bewegungsformen liegen insbesondere in der Fähigkeiten, die auftretenden und wirksamen Fliehkräfte richtig einzuschätzen, und darin das eigene Körpergewicht halten zu können. Dafür sind das Halten der Körperspannung und die Kraftausdauer insbesondere im Arm-, Schulter- und Rumpfbereich von besonderer Bedeutung.

Für die Gestaltung der Gerätearrangements gilt insbesondere, daß die Schaukelbewegungen stets kontrollierbar sein müssen.

Durchführbare Gerätearrangements

Reifenschaukel

- Ventil des Reifens darf keine Verletzungen bewirken
- Schaukelgurt verwenden (im Fachhandel erhältlich)
- Im Grundschulbereich dürfen max. zwei Schülerinnen/ Schüler gleichzeitig schaukeln; bei älteren Aktiven Belastung nur mit einer Person
- Je nach Höhe Fallbereich mit Gerätturn- oder Weichbodenmatten absichern

Pädagogische Hinweise / Konstruktionshilfen:

- Je nach Schaukelgurt können die Ringe an den Anlagen verbleiben. Die Holzringe dürfen jedoch nicht durch den Schaukelgurt beschädigt werden.
- Liegt nur eine Ring- oder Tauanlage dieser Konstruktion zugrunde, ergeben sich wesentlich größere Schwingungsweiten zur Seite, diese müssen frei sein und nicht von Laufwegen gekreuzt werden.

Einfache Schaukel

→ Schaukelgurt oder Trapezstangen verwenden (im Fachhandel erhältlich)

Pädagogische Hinweise / Konstruktionshilfen:

- Für die Konstruktion einer einfachen Schaukel können neben Schaukelgurten ebenfalls Trapezstangen verwendet werden.

Tarzanschwingen

→ Wenn die Taue verknotet werden, müssen die Knoten nach dem Gebrauch gelöst werden

→ Im Landebereich Weichbodenmatte, im Fallbereich Gerätturnmatten verwenden

Pädagogische Hinweise / Konstruktionshilfen:

- Bei dem Herabschwingen von hohen Ebenen, bieten Sprungpferde die höchste Standsicherheit.
- Um Drehbewegungen beim Landen zu vermeiden oder Unterschwungbewegungen zu unterstützen, bietet es sich an, das Schwingen auf einer erhöhten Ebene ausführen zu lassen (erhöhte Ebenen können konstruiert werden, indem unter die Weichböden Bänke oder kleine Kästen gestellt werden).

- Taue, die nicht benutzt werden (z.B. Abstand zur Wand zu gering, etc.) sollten dadurch kenntlich gemacht werden, in dem sie „hochgebunden“ werden.
- Um das Herunterstoßen eines wartenden Aktiven durch das Zurückpendeln eines Anderen auf dem Pferd oder Kasten zu vermeiden, sollte die Standfläche erst dann betreten werden, wenn die Tauanlage frei ist.
- Durch die Konstruktion einer schiefen Ebene, von der aus geschwungen wird, ergibt sich eine individuelle Wahlmöglichkeit für die Aktiven. Eine schiefe Ebene wird z.B. durch das Einhängen einer Bank zwischen einem großen Kasten und einem kleinen Kasten erzeugt. Je nach Höhe des großen Kastens ist die Neigung der schiefen Ebene regulierbar.

☺ ☺ ☺

Trapez

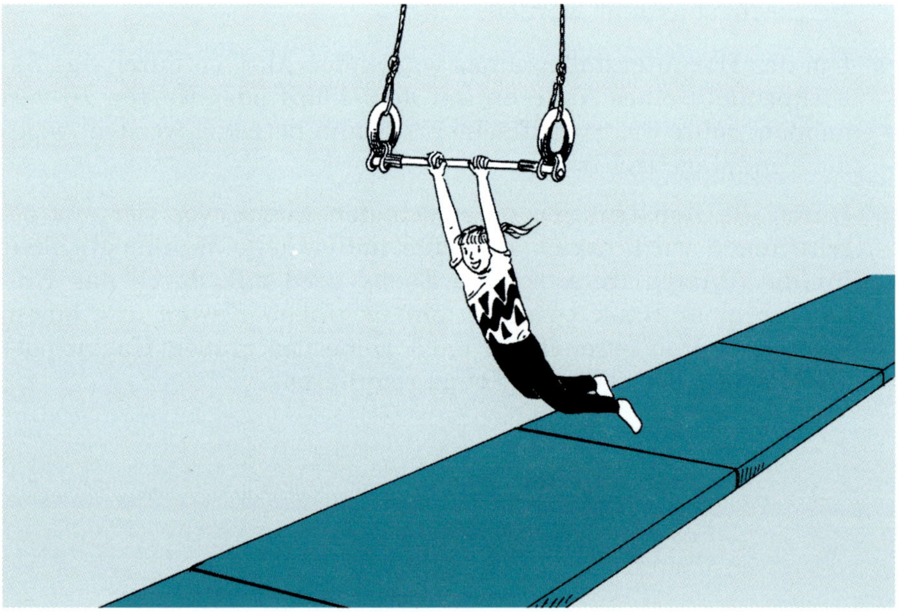

➔ Keine Gymnastikstäbe als Trapez verwenden, sondern Trapezstangen (im Fachhandel erhältlich)

➔ Ringe dürfen nicht beschädigt werden, z.B. durch Aufhängevorrichtungen die Einkerbungen verursachen können

➔ Landebereich mit Weichboden- oder Niedersprungmatten auslegen

Pädagogische Hinweise / Konstruktionshilfen:

- Zur Absicherung des Sturz- und Landebereichs kann eine Kombination aus Weichböden und Turnmatten verwendet werden. Um die Übergänge zwischen dem Weichboden und den Turnmatten sicherer zu gestalten, kann ein Bodenläufer über diese Mattenkonstruktion gelegt werden.

Reckschaukel

> → Tau mit Palstek befestigen

Pädagogische Hinweise / Konstruktionshilfen:

- Um das Zusammenrutschen des Seils an der Reckstange zu verhindern (und damit den Höhenabstand zum Boden zu verkleinern), ist es sinnvoll die Seilenden

  a) direkt an den Reckpfosten zu befestigen oder

  b) mit zusätzlichen Seilen die Seilenden an den Reckpfosten anzubinden.

Hamsterrolle

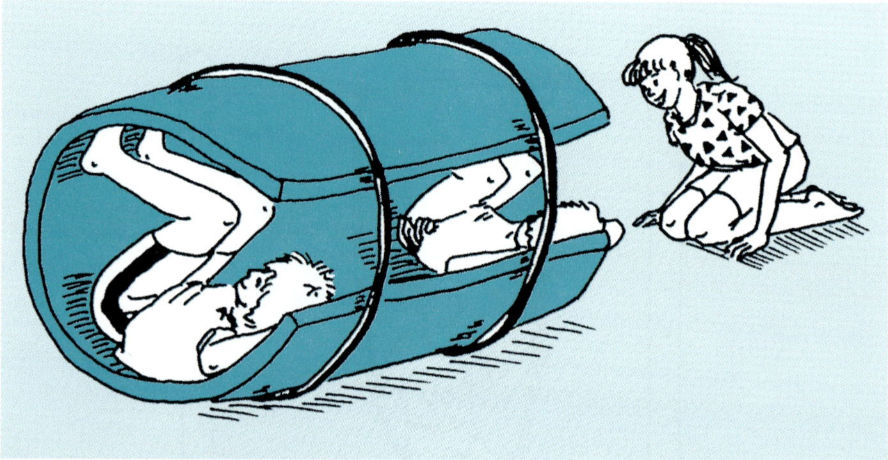

- → Nur Matten verwenden, die nicht mehr als Aufsprung- oder Landehilfe eingesetzt werden
- → Reifen können splittern bzw. brechen; möglichst stabile Holzreifen verwenden, keine Kunststoffreifen
- → Die Matten können auch zusätzlich mit geeigneten Seilen zusammengebunden werden

Pädagogische Hinweise / Konstruktionshilfen:

- Um die Belastung für die Reifen zu verringern und das Rollen zu unterstützen, können drei und mehr Reifen eingesetzt werden.
- Durch die Kombination von zwei Matten kann eine rollende „Tonne“ konstruiert werden.
- Durch das Tapen der Reifen werden sie haltbarer und können häufiger zu dem o. g. Zweck genutzt werden.

Unzulässige Gerätearrangements

Seilbahn

- Die Belastung durch das Rutschen an den Seiten ist für die Halterung des Basketballkorbes an der Hallendecke und der Verschraubung im Holz durch die pendelnde Bewegung nicht kalkulierbar. Ein Abbrechen oder Ausreißen der Aufhängevorrichtung ist nicht auszuschließen
- Die Befestigung der Gitterleiter an der Wand ist für die dargestellte Form der Belastung nicht konzipiert und ausgelegt
- Die Landung aus der kombinierten Rutsch- und Schwungbewegung ist nur schwer kontrollierbar/der gesamte Landebereich muß mit geeignetem Mattenmaterial ausgelegt werden

Riesenschaukel

- ➔ Belastungen nicht mehr kalkulierbar
- ➔ Gefahr von Beschädigungen der Aufhängung an der Hallendecke
- ➔ Schwungbewegungen nur schwer kontrollierbar
- ➔ Die Anlage kann beim Sturz eines Aktiven nicht sofort zum Stillstand gebracht werden

Schwingender Kasten

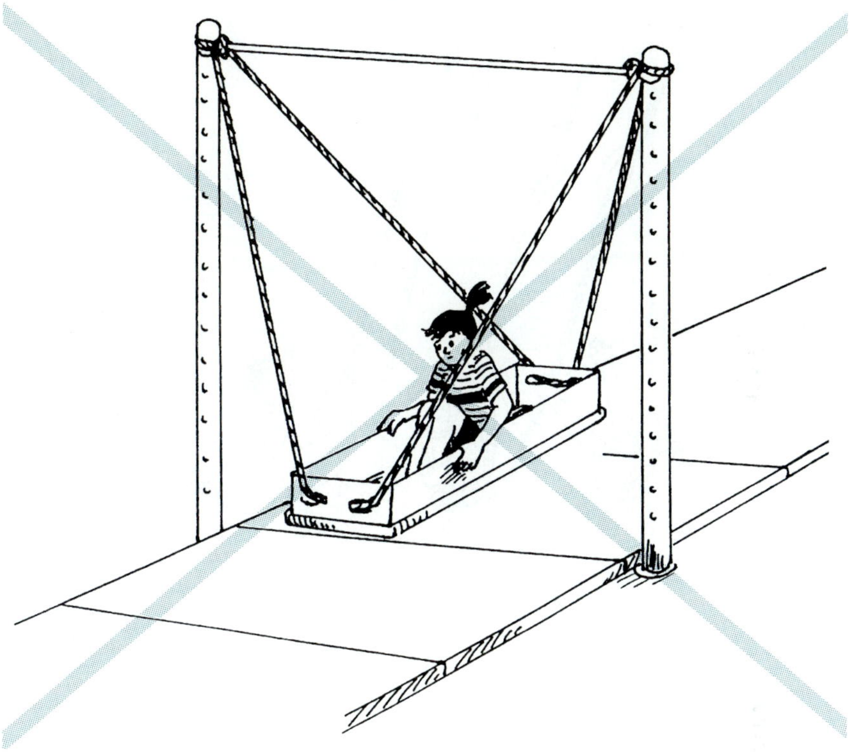

- Kastendeckel für diese Art von Belastung nicht geeignet; kann brechen oder ausreißen
- Die Anlage kann bei dem Sturz eines Aktiven nicht sofort zum Stillstand gebracht werden

Fliegender Teppich

- Durch kreisende Schwungbewegungen können Belastungen entstehen, für die die Ringeanlage nicht ausgelegt ist; ein Abreißen oder Abbrechen der Aufhängevorrichtung ist nicht auszuschließen
- Die Anlage kann bei dem Sturz eines Aktiven nicht sofort zum Stillstand gebracht werden

Rhönrad - Schaukel

- Die Belastung durch das Rhönrad und den Aktiven ist für die Aufhängung an der Hallendecke nicht mehr kalkulierbar
- Beim Sturz von der Matte/aus dem Rhönrad sind die Aktiven hochgradig gefährdet, weil das Rhönrad nicht sofort zum Stillstand gebracht werden kann
- Das Rhönrad ist für diese Art der Belastung nicht konzipiert/ausgelegt

Piratenschaukel

- ➔ Hausmeisterleitern sind keine zugelassenen Spiel- und Sportgeräte
- ➔ Durch kreisende Schwungbewegungen können Belastungen entstehen, für die die Ringeanlage nicht ausgelegt ist; ein Abreißen oder Abbrechen der Aufhängevorrichtung ist nicht auszuschließen
- ➔ Beim Sturz eines Kindes von dieser Vorrichtung kann diese nicht sofort angehalten werden
- ➔ Durch die Verbindung der Ringe an einer Leiter können die Ringe Schaden nehmen

Schiffschaukel

- ➔ Die schwingende Bank ist nicht jederzeit gefahrlos abzustoppen
- ➔ Bei Sturz von der Bank in den Schwungbereich ist der Aktive hochgradig gefährdet, weil die Bank nicht sofort zum Stillstand gebracht werden kann

Flugzeug

- Die Klettertauvorrichtung ist für Belastungen, die bei diesen Gerätearrangements auftreten, nicht ausgelegt; ein Abreißen oder Abbrechen der Aufhängevorrichtung ist nicht auszuschließen
- Bei Sturz von der Bank in den Schwungbereich ist der Aktive hochgradig gefährdet, weil die Bank nicht sofort zum Stillstand gebracht werden kann

Schwingende „schiefe Ebene“

- Die Klettertauvorrichtung ist für Belastungen, die bei diesen Gerätearrangements auftreten, nicht ausgelegt; ein Abreißen oder Abbrechen der Aufhängevorrichtung ist nicht auszuschließen
- Bei einem Sturz eines Aktiven von der Matte, kann der Aufbau nicht zum Stillstand gebracht werden

3.4 Balancieren

Das Balancieren umfaßt alle Bewegungsformen, bei denen auf schmalem oder beweglichem Untergrund das Gleichgewicht gehalten oder hergestellt werden muß. Der Reiz dieser Bewegungsform besteht vornehmlich in dem Risiko, bei unterschiedlichen Schwierigkeitsgraden je nach Breite, Länge, Höhe, Neigung und Stabilität des Untergrundes das Gleichgewicht jederzeit verlieren zu können. Dieses Risiko muß durch den Geräteaufbau so arrangiert werden, daß es ohne reale Gefährdungen eingegangen werden kann.

Durchführbare Gerätearrangements

Holmengasse

- ➔ Je nach Höhe Absicherung des Fallbereichs mit Gerätturn- oder Weichbodenmatten, des Landebereichs mit Niedersprungmatten
- ➔ Holme arretieren; Extremstellungen vermeiden

Pädagogische Hinweise / Konstruktionshilfen:

- Beim Einsatz dieser Holmengasse bei jüngeren Aktiven bietet es sich ggf. an, „Ruhezonen“ anzubieten. Dies kann durch das Ein fügen von kleinen bzw. großen Kästen an den Übergangsstellen zwischen den Barren erfolgen.

Skateboardbrücke

- ➔ Das Aufhängen der Skateboards sollte nur mittels geeigneter Seile (z.B. Nylon 8 mm) geschehen
- ➔ Knoten: Rundtörn und zwei halbe Schläge

Pädagogische Hinweise / Konstruktionshilfen:

- Das Verrutschen der eingezeichneten Seile kann bei dem ersten und dem letzten Skateboard dadurch verhindert werden, daß das Seil zusätzlich an dem höhenverstellbaren Barrenfuß befestigt wird.
- Durch das unterschiedlich hohe Aufhängen des Skateboards kann ein anderes Anforderungsprofil entwickelt werden.

Rollende Bank

→ Kleine Kästen, Gerätturnmatten (und eine Wand) sichern die Bank (Abstand ca. 50 cm)

Pädagogische Hinweise / Konstruktionshilfen:

- Je nach Körpergewicht der Aktiven und Schwingungsamplitude der Bank reichen die kleinen Kästen als Stabilisationen nicht aus. Es bietet sich an, ein Bankende zu einer Wand hin auszurichten und einen kleinen Kasten mit der Lederseite zur Bank weisend vor die Wand zu plazieren. Damit wird ein festes Widerlager geschaffen.
- Für sehr unsichere Aktive bietet es sich an, die umgedrehte Bank von der Seite zu besteigen und ebenfalls seitwärts zu verlassen. Hiermit wird ein Wegrollen der Bank beim Aufsteigen und Absteigen vermieden.
- Ggf. ist es erforderlich deutlich zu machen, daß auch auf der Bankunterseite balanciert werden kann.
- Als Gleichgewichtshilfe können den Aktiven die Handfassung gegeben oder von außen Stäbe auf einer oder beiden Seiten gereicht werden.
- Wenn ein Überstehen der Stäbe vermieden werden soll, können ersatzweise Staffelhölzer benutzt werden.

Wippe I

→ Gerätturnmatten unter den Bankenden

Pädagogische Hinweise / Konstruktionshilfen:

- Um das seitliche Drehen der oberen Bank zu vermeiden oder zu verringern, kann zwischen die beiden Bänke eine Gummimatte, Isomatte oder Matte gelegt werden. Die Matten sollen nicht mehr als Aufsprung- oder Landehilfe eingesetzt werden.
- Als Gleichgewichtshilfe kann eine Handfassung (oder Turnstäbe) gegeben werden.
- Eine Übungsvariation ergibt sich durch das Hintereinandergehen von zwei oder drei Aktiven (Achtung: Hiermit ergibt sich eine Verzögerung des Wippens).
- Damit den Wartenden die Bank nicht auf die Füße fällt, sollte die Anweisung gegeben werden, die Matte erst zu betreten, wenn die Bank frei ist.

- Wenn die Bänke häufig als Wippe eingesetzt werden, kommt es gelegentlich zur Lösung der Schrauben bzw. der Nuten. Daher ist es sinnvoll, in regelmäßigen Abständen die Bänke auf ihre Verschraubungen hin zu überprüfen.

☺ ☺ ☺

Wippe II

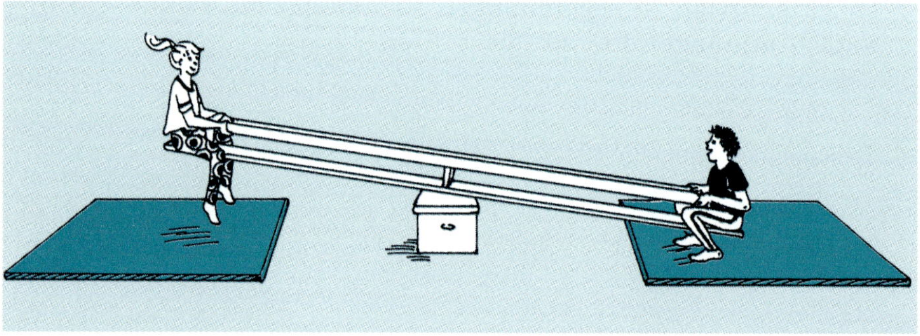

→ Gerätturnmatten unter den Bankenden

→ max. 30 cm hoch (kleiner Kasten)

Pädagogische Hinweise / Konstruktionshilfen:

- Um ein Drehen der Bank auf dem kleinen Kasten zu vermeiden, kann eine Matte, die nicht mehr als Aufsprung- oder Landehilfe eingesetzt wird, untergelegt werden.
- Wenn die Bänke häufig als Wippe eingesetzt werden, kommt es gelegentlich zur Lösung der Schrauben bzw. der Nuten. Daher ist es sinnvoll, in regelmäßigen Abständen die Bänke auf ihre Verschraubungen hin zu überprüfen.

Rhönradwippe

- Das Rhönrad ist für die Belastungen, die durch die Bank und die darauf turnenden Kinder entsteht, nicht auslegt; ein Auseinanderbrechen des Rhönrades ist nicht auszuschließen
- Die Bank ist gegen ein Verrutschen innerhalb des Rönrades nicht gesichert
- Die wippende Bank ist nicht jederzeit gefahrlos zu stoppen
- Bei einem Sturz von der Bank in den Schwungbereich sind die Kinder hochgradig gefährdet, da die Bank nicht sofort zum Stillstand gebracht werden kann
- Durch die Auflage der Bank auf dem Rhönrad kann die Oberfläche der Turnbank beschädigt werden

Spinne

→ Kasten höchstens fünfteilig

→ Absicherung des Fallbereichs mit Weichbodenmatten

Pädagogische Hinweise / Konstruktionshilfen:

- An Stelle eines Schwebebalkens kann auch eine Bank eingesetzt werden.
- An Stelle eines Schwebebalkens kann auch ein Übungsschwebebalken eingesetzt werden.
- Das Kippeln des Balkens kann dadurch verringert werden, indem sich eine Person oder mehr auf ein Balkenende setzten.
- Das Wegrutschen des Balkens bei einem größeren Abstand zur Wand kann durch eine Gewichtsauflage durch andere Aktive verhindert werden.

- Die Aufgabenstellung kann erschwert werden, in dem sich zwei Personen auf dem Balken begegnen und aneinander vorbei balancieren sollen.
- Die Aufgabenstellung kann verändert werden, indem die Körperhaltung (z.B. Rücken oder Gesicht) zur Wand verändert wird.

☺ ☺ ☺

Burmabrücke

- ➔ Verbot des Schwingens und Schaukelns
- ➔ nur mit sechs Klettertauen möglich
- ➔ Absicherung des Fallbereichs mit Weichbodenmatten
- ➔ Belastung mit einer Person
- ➔ Knoten: Doppelschlag (zwei halbe Schläge)
- ➔ im unmittelbaren Bereich der Brücke dürfen sich kleinere Aktive nicht aufhalten (Gefahr von Kopftreffern)

Pädagogische Hinweise / Konstruktionshilfen:

- Als Balanciersituation für Anfänger ist es ggf. günstiger die Bank kopfwärts in der Aufhängung festzubinden. In diesem Fall kann sowohl auf dem Mittelsteg als auch auf der Bankunterseite balanciert werden.

Brücke I

- ➔ Befestigung mit Seilen mit entsprechender Belastbarkeit (z.B. Nylonseil 8 mm)
- ➔ Belastung mit einer Person
- ➔ Knoten: Palstek

Pädagogische Hinweise / Konstruktionshilfen:

- Die Aufhängung der Bank wird dadurch erleichtert, in dem man sie auf dem Boden liegend mit dem Barren verbindet. Anschließend werden die Holme nach oben bewegt, um die Bank als Balanciermöglichkeit zu nutzen.
- Durch die Länge der Seile wird die Schwingungsweite der Bank verändert.
- Sollten höhere Balancierhöhen gewählt werden, sind entsprechende Mattenunterlagen (Niedersprung- oder Weichbodenmatte) zu wählen.

Brücke II

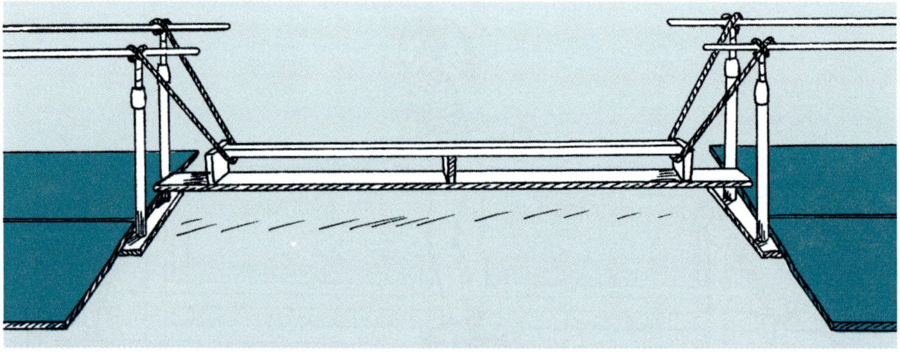

- ➔ Befestigung mit Seilen entsprechender Belastbarkeit (z.B. Nylonseil 8 mm)
- ➔ Knoten: Palstek/Trapezknoten

Pädagogische Hinweise / Konstruktionshilfen:

- Dieser Aufbau ist leichter herzustellen, wenn die Bank auf dem Boden liegend mit dem Barren in Verbindung gebracht wird. Anschließend werden die Barrenholme hochgestellt, um den Aufbau zum Schwingen zu bringen.
- Durch das Auseinander- bzw. Zusammenfahren der Barren wird die Schwingungsweite der Bank bestimmt.
- Durch die Aufhängung mit der Bankoberseite nach oben, ergibt sich eine wesentlich breitere Balancierfläche. Dies kann für einige Aktive eine Hilfe sein.
- Während des Balancierens sollte insbesondere in der Anfangssituationen mit Handfassungen als Gleichgewichtshilfe gearbeitet werden.
- Besondere Gefahren ergeben sich in der Aufstiegs- und Abstiegssituation, wenn es zum unkontrollierten Schwingen der Bank kommt.

- Als neuralgischer Punkt hat sich das Einschwingen der Bank in die Barren herausgestellt (Bein-treffer).

☺ ☺ ☺

3.5 Springen

Im Zusammenhang mit Gerätekombinationen und -arrangements steht das Hinunterspringen im Mittelpunkt. Um diese Niedersprünge gefahrlos zu gestalten, ist im Schulsport vor allem der Einsatz der richtigen Matten von Bedeutung.

Für alle Punktlandungen auf den Füßen dürfen keine Weichböden, sondern entweder Niedersprungmatten oder Weichböden mit einer Auflage von Turnmatten verwendet werden. Weichböden sind für großflächige oder unkontrollierte Landungen einzusetzen (vgl. Broschüre Sicherheit im Schulsport, Heft 4 „Richtiger Einsatz von Matten im Sportunterricht“, GUV 57.1.18).

Ebenso wichtig sind aber auch die Fähigkeiten, aktiv zu landen und richtig zu fallen. Aktives Landen bedeutet, die bei der Landung auf die Gelenke einwirkenden Kräfte durch entsprechende Landetechnik und Einsatz der Fuß- und Beinmuskulatur auf ein tolerierbares Maß zu reduzieren.

Durchführbare Gerätearrangements

Sprung in die Tiefe ☺

→ Bei Niedersprüngen aus geringeren Höhen den Landebereich mit Niedersprungmatten auslegen; bei vorwiegend unkontrollierten Landungen Weichbodenmatten auslegen

Pädagogische Hinweise / Konstruktionshilfen:

- Um ein Federn der Bank zu vermeiden, kann ein kleiner Kasten untergestellt werden.
- Nur ein Aktiver auf der Bank und Reckstange

☺ ☺ ☺

Lawinenexpress

- → Als „Lawine“ nur eine Matte verwenden, die nicht mehr als Lande- und Aufsprunghilfe eingesetzt wird
- → Keine Sitzlandung

Unzulässige Gerätearrangements

Trampolintreppe

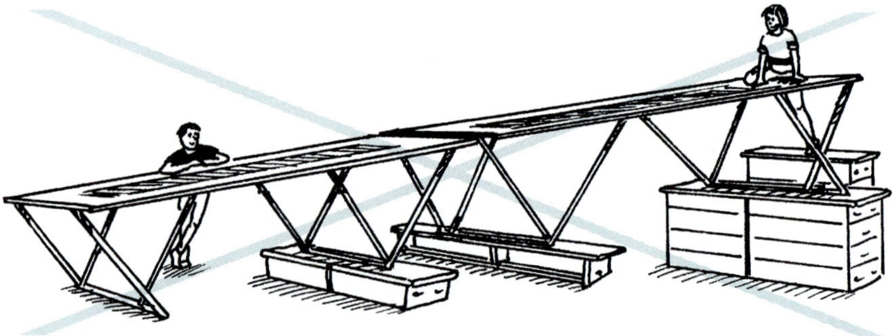

- ➔ Die Kästen und die Bank sind für eine derartige Belastung von ihrer Standsicherheit her nicht ausgelegt
- ➔ Durch ein Springen auf dem geneigten Trampolin kann es zum Verrücken der Aufstandfläche auf der Bank und damit zu einem Herunterrutschen kommen
- ➔ Durch die beim Springen auftretenden hohen Kräfte kann sich die Verschraubung der Ständer des Trampolins lösen und/oder das Trampolin in seiner Standsicherheit beeinflußt werden
- ➔ Durch die Neigung des Trampolins können selbst Fußsprünge in der Vorwärtsbewegung so beeinflußt werden, daß eine Landung zum sicheren Stand oder ein Weiterspringen nicht mehr möglich ist

4. Literatur

AYRES, J.: Bausteine der kindlichen Entwicklung, Berlin 1994

BRINGMANN, A.: Adventure Time im Turnverein, in: Deutsche Turnerjugend (Hrsg.): Kinder in Bewegung, Frankfurt 1995

BRUCKMANN, M.: Wir turnen miteinander, Stuttgart 1990

BRUCKMANN, M. / DIECKERT, H. / HERRMANN, K.: Gerätturnen für alle, Celle 1991

DEUTSCHER TURNERBUND (Hrsg.): Neue Wege im Gerätturnen, Frankfurt, o. J.

DORDEL, S.: Bewegungsförderung in der Schule, Dortmund 1987

HOFELE, U.: Erlebnisturnen, Dortmund 1995

HÜEBNER, H. / HUNDELOH, H.: Mehr Sicherheit im Schulsport – Bilanz und Perspektiven, Münster 1997

HUNDELOH, H. / KOTTMANN, L. / KÜPPERS, D. / PACK, R.-P.: Sicherheitserziehung im Schulsport. Eine Aufgabe aus pädagogischer Verantwortung und praktischer Notwendigkeit. Hrsgg. v. Gemeindeunfallversicherungsverband Westfalen-Lippe, Münster 1994

HURRELMANN, K.: Risikoverhalten und Kick-Erlebnisse im Jugendalter, in: Pro jugend 3/97 (Ausgabe Bayern), S. 8

KELLER, R. / FRITZ, A.: Auf leisen Sohlen durch den Unterricht, Schorndorf 1995

LAGING, R.: Stundenblätter Turnen, Stuttgart 1990

MAIER, W. / PETSCH, W.: Stundenbilder für vielseitiges Bewegen an Geräten, Eckental 1989

MIEDZINSKI, K.: Die Bewegungsbaustelle, Dortmund 1991

SCHRAAG, M. / DURLACH, F.J. / MANN, C.: Erlebniswelt Sport, Schorndorf 1996

SPORTJUGEND NW (Hrsg.): Abenteuersport, Duisburg 1993

SPORTJUGEND NW (Hrsg.): Kinder mit mangelnden Bewegungserfahrungen, Duisburg 1995

TREBELS, A.: Spielen und Bewegen an Geräten, Reinbek 1983

TREESS, H. / TREESS, U. / MÖLLER. M.: Soziale Kommunikation und Integration, Dortmund 1990

VON CUBE, F.: Gefährliche Sicherheit. Die Verhaltensbiologie des Risikos, München 1990

ZIMMER, R.: Bewegung, Sport und Spiel mit Kindern, Aachen 1990

ZIMMER, R. (Hrsg.): Bewegte Kindheit, Schorndorf 1997

ZIMMER, R. / CICURS, H.: Kinder brauchen Bewegung – brauchen Kinder Sport?, Aachen 1992

ZIMMER, R. / CICURS, H.: Psychomotorik, Schondorf 1987

Raum für Notizen:

Raum für Notizen:

Raum für Notizen:

Raum für Notizen:

Ihre Praxis ist unser Programm!

Wolfgang Beudels / Rudolf Lensing-Conrady / Hans Jürgen Beins
... das ist für mich ein Kinderspiel
Handbuch zur psychomotorischen Praxis
4. Aufl. 1998, 320 S., über 200 Fotos, Format 16x23cm, br,
ISBN 3-86145-026-7 **Bestell-Nr. 8523, DM 44,00**

Barbara Cárdenas
Diagnostik mit Pfiffigunde
Ein kindgemäßes Verfahren zur Beobachtung von Wahrnehmung und Motorik (5-8 Jahre)
5. Aufl. 1997, 204 S., Format 16x23cm, br
ISBN 3-86145-115-8 **Bestell-Nr. 8529, DM 39,80**

Dietrich Eggert unter Mitarbeit von Günter Ratschinski
DMB - Diagnostisches Inventar motorischer Basiskompetenzen bei lern- und entwicklungsauffälligen Kindern im Grundschulalter
2., verb. u. erw. Aufl. 1996, 280 S., Format 16x23cm, br
ISBN 3-86145-123-9 **Bestell-Nr. 8524, DM 58,00**

Dietrich Eggert zusammen mit Thomas Peter
DIAS - Diagnostisches Inventar auditiver Alltagshandlungen
1992, 140 S., Format DIN A 5, Ringheftung, eine Musikcassette, Spieldauer ca. 30 Minuten, Buch und Cassette im Schuber
ISBN 3-86145-029-1 **Bestell-Nr. 8525, DM 49,80**

Dietrich Eggert
Von den Stärken ausgehen ...
Individuelle Entwicklungspläne (IEP) in der Lernförderungsdiagnostik
2., verb. Aufl. 1997, 488 S., Format 16x23cm, gebunden
ISBN 3-86145-149-2 **Bestell-Nr. 8545, DM 58,00**

Ernst J. Kiphard
Motopädagogik
8., verb. u. erw. Aufl. 1998, 288 S., Format 16x23cm, br
ISBN 3-8080-0410-X **Bestell-Nr. 1104, DM 44,00**

Dietrich Eggert / Birgit Lütje-Klose
Theorie und Praxis der psychomotorischen Förderung
Textband und Arbeitsbuch
3. Aufl. 1998, 404 S., Großformat 21x28cm, in 2 Bänden (Theorieband 156 S., br/Arbeitsbuch 248 S., Ringbindung)
ISBN 3-86145-106-9 **Bestell-Nr. 8526, DM 68,00**

Hans-Jürgen Beins / Rudolf Lensing-Conrady / Günter Pütz / Silke Schönrade (Hrsg.)
Wenn Kinder durchdrehen ...
Vom Wert des „Fehlers" in der Psychomotorik
2. Aufl. 1997, 304 S., Format 16x23cm, br
ISBN 3-86145-108-5 **Bestell-Nr. 8540, DM 38,00**

Wolfgang Beudels / Nicola Kleinz / Kerstin Delker (Hrsg.)
Außer Rand und Band
WenigKostenvielSpaßGeschichten mit Alltagsmaterialien
2. Aufl. 1998, 200 S., Format DIN A4, br
ISBN 3-86145-109-3 **Bestell-Nr. 8541, DM 49,80**

Gerd Ulrich Heuer
Beurteilen – Beraten – Fördern
Materialien zur Diagnose, Therapie und Bericht-/Gutachtenerstellung bei Lern-, Sprach- und Verhaltensauffälligkeiten in Vor-, Grund- und Sonderschule – Formular-Kopiervorlagen-Mappe
1997, 278 S., Format DIN A4, im Ordner
ISBN 3-8080-0390-1 **Bestell-Nr. 1177, DM 68,00**

Waltraut und Winfried Doering (Hrsg.)
Sensorische Integration
Anwendungsbereiche und Vergleich mit anderen Fördermethoden/Konzepten
3. Aufl. 1996, 244 S., Format 16x23cm, br
ISBN 3-86145-043-7 **Bestell-Nr. 8103, DM 38,00**

Waltraut und Winfried Doering / Gude Dose / Mario Stadelmann (Hrsg.)
Sinn und Sinne im Dialog
1996, 264 S., Format 16x23, br
ISBN 3-86145-083-6 **Bestell-Nr. 8116, DM 39,80**

Praxis der Psychomotorik **(mit Motopäde)**
Zeitschrift für Bewegungserziehung

Psychomotorik im Sinne von frei(willig)en Bewegungsabläufen, therapeutisch geschaffenen „Bewegungsanlässen", spontaner Freude an Bewegung, Motorik und deren Rückwirkungen auf das seelische Befinden von behinderten und gesunden Menschen ist die Hauptthematik dieser Zeitschrift. Viermal im Jahr stellen Praktiker und Wissenschaftler, Therapeuten, Sportlehrer und Betreuer eine Vielzahl von Möglichkeiten zur Behandlung von Entwicklungsstörungen, zum sportlichen und spielerischen Miteinander von Patienten aller Altersgruppen vor.
Der „Blick über den Zaun" in angrenzende medizinische, psychologische, (sport-)therapeutische Bereiche ist Bestandteil jeder Ausgabe, ebenso wie Lehrbeispiele, Buchtips, Terminhinweise und Hilfsmittelbeschreibungen.
Von der Frühförderung von Kleinkindern über therapeutische Begegnungen mit Jugendlichen bis hin zur Seniorengymnastik im Rahmen der Gerontologie wird dem Psychomotorischen Spektrum keine Grenze gesetzt.
Jahresabonnement: DM 56,00 inkl. Versandkosten
Erscheinungsweise: viermal jährlich

Portofreie Lieferung auch durch:

verlag modernes lernen borgmann publishing

Hohe Straße 39 • D - 44139 Dortmund • ☎ (0180) 534 01 30 • FAX (0180) 534 01 20

5/98

Ihre Praxis ist unser Programm!

Topaktuell: In-Line-Skates im Sportunterricht!

Patrick Menzler

Spaß auf Rollen

On the Road mit In-Line-Skates – Grundformen der Fortbewegung

1998, 134 S., Format 16x23cm, Ringbindung
ISBN 3-86145-147-6

Bestell-Nr. 8124, DM/sFr 32,00, ÖS 240,-

Bernd Müller

Fangspiele

„Nach didaktischen und methodischen Grundlagen werden fast 100 Variationen beschrieben. Empfohlen für die Arbeit in Kindergarten und Jugendarbeit, Schule (alle Stufen) und Sportverein." ekz-Informationsdienst

2. Aufl. 1998, 196 S., durchgehend illustriert, Format 16x23cm, br, ISBN 3-86145-078-X

Bestell-Nr. 8115, DM/sFr 38,00, ÖS 285,-

Bernd Müller

Ball-Grundschule

1995, 132 S., durchgehend illustriert, Format 16x23cm, br, ISBN 3-86145-076-3

Bestell-Nr. 8113, DM/sFr 32,00, ÖS 240,-

Uwe Hofele

Neue Lehrmittel – einfach selber bauen

Ein Werkbuch für Sonderschullehrer, Fachlehrer, Erzieher und Eltern

1994, 80 S.,
Format DIN A 5, br,
ISBN 3-8080-0301-4

Bestell-Nr. 1163, DM/sFr 24,00, ÖS 180,-

Uwe Hofele

Der Dunkelraum als Abenteuerspielplatz der Sinne

Praktische Beispiele zur Wahrnehmungsförderung – 29 Themenkreise

„Ein wunderschönes Thema für Kinder ist das Licht in der Dunkelheit. Aus der Arbeit mit geistigbehinderten Schülern stammt die kleine Materialsammlung von Hofele, die witzige und leicht nachzumachende Ideen für den Innenraum enthält, die auch für die Umweltbildungsarbeit mit nichtbehinderten Kindern geeignet sind." ökopädNEWS

2. Aufl. 1995, 80 S., Format DIN A 5, kt
ISBN 3-8080-0344-8

Bestell-Nr. 1162, DM/sFr 24,00, ÖS 180,-

Uwe Hofele

Erlebnisturnen

Der alternative Einsatz von Turngeräten

3. Aufl. 1998, 104 S.,
Format DIN A5, br,
ISBN 3-8080-0383-9

Bestell-Nr. 1165, DM/sFr 26,00, ÖS 195,-

Porto- und versandkostenfreie Lieferung auch durch die Versandbuchabteilung des:

verlag modernes lernen borgmann publishing

Hohe Straße 39 • D - 44139 Dortmund ☎ (0180) 534 01 30 • FAX (0180) 534 01 20